EN CADA EJEM-
PLAR DE LA CO-
LECCIÓN CARA Y
CRUZ EL LECTOR
ENCONTRARÁ
DOS LIBROS DIS-
TINTOS Y COMPLE-
MENTARIOS • SI
QUIERE CONOCER
ENSAYOS SOBRE
*TODOS LOS FUEGOS
EL FUEGO* Y JULIO
CORTÁZAR, CITAS
A PROPÓSITO DE
ELLOS, CRONOLO-
GÍA Y BIBLIOGRA-
FÍA, EMPIECE POR
ESTA, LA SECCIÓN
"CRUZ" DEL LIBRO
• SI PREFIERE AHO-
RA LEER LOS CUEN-
TOS DELE VUELTA
AL LIBRO Y EM-
PIECE, POR LA TA-
PA OPUESTA, LA
SECCIÓN "CARA".

A propósito de

JULIO CORTÁZAR
Y SU OBRA

A propósito de

JULIO CORTÁZAR
Y SU OBRA

COLECCIÓN
CARA Y CRUZ

GRUPO EDITORIAL NORMA

Barcelona, Buenos Aires, Caracas,
Guatemala, México, Miami, Panamá, Quito, San José,
San Juan, San Salvador, Santafé de Bogotá, Santiago, São Paulo

CONTENIDO

CONTENIDO

EL ARGENTINO QUE SE HIZO QUERER DE TODOS

Gabriel García Márquez

Fui a praga por última vez hace unos quince años con Carlos Fuentes y Julio Cortázar. Viajábamos en tren desde París porque los tres éramos solidarios en nuestro miedo al avión y habíamos hablado de todo mientras atravesábamos la noche dividida de las Alemanias, sus océanos de remolacha, sus inmensas fábricas de todo, sus estragos de guerras atroces y amores desaforados. A la hora de dormir a Carlos Fuentes se le ocurrió preguntarle a Cortázar cómo y en qué momento y por iniciativa de quién se había introducido el piano en la orquesta de jazz. La pregunta era casual y no pretendía conocer nada más que una fecha y un nombre, pero la respuesta fue una cátedra deslumbrante que se prolongó hasta el amanecer entre enormes vasos de cerveza y salchichas de perro con papas heladas. Cortázar, que sabía medir muy bien sus palabras, nos hizo una recomposición histórica y estética con una versación y una sencillez apenas creíbles, que culminó con las primeras luces en una apología homérica de Theolonius Monk. No sólo hablaba con una profunda voz de órganos de erres arrastradas, sino también con sus manos de huesos grandes como no recuerdo otras más expresivas. Ni Carlos Fuentes ni yo olvidaríamos jamás el asombro de aquella noche irrepetible.

Doce años después, vi a Julio Cortázar enfrentado a una muchedumbre en un parque de Managua, sin más armas que su voz hermosa y un cuento suyo de los más difíciles:

La noche de Mantequilla Nápoles. Es la historia de un boxeador en desgracia contada por él mismo en lunfardo, el dialecto de los bajos fondos de Buenos Aires cuya comprensión nos estaría vedada por completo al resto de los mortales si no la hubiéramos vislumbrado a través de tangos malevos. Sin embargo, fue ese el cuento que el propio Cortázar escogió para leerlo en una tarima frente a la muchedumbre en un vasto jardín iluminado, entre la cual había de todo, desde poetas consagrados y albañiles cesantes hasta comandantes de la revolución y sus contrarios. Fue otra experiencia deslumbrante. Aunque en rigor no era fácil seguir el sentido del relato, aún para los más entrenados en la jerga lunfarda, uno sentía y le dolían los golpes que recibía Mantequilla Nápoles en la soledad del cuadrilátero, y daban ganas de llorar por sus ilusiones y su miseria pues Cortázar había logrado una comunicación tan entrañable con su auditorio, que ya no le importaba a nadie lo que querían decir o no decir las palabras sino que la muchedumbre sentada en la hierba parecía levitar en estado de gracia por el hechizo de una voz que no parecía de este mundo.

Estos dos recuerdos de Cortázar que tanto me apretaron me parecen también los que mejor lo definían. Eran los dos extremos de su personalidad. En privado como en el tren de Praga lograba seducir por su elocuencia, por su erudición árida, por su memoria milimétrica, por su humor peligroso, por todo lo que hizo de él un intelectual de los grandes en el buen sentido de otros tiempos. En público, a pesar de su reticencia a convertirse en un espectáculo, fascinaba al auditorio con una presencia ineludible que tenía algo de sobrenatural, al mismo tiempo tierna y extraña. En ambos casos fue el ser humano más impresionante que he tenido la suerte de conocer.

Desde el primer momento, a fines del otoño triste de 1956, en un café de París con nombre inglés, adonde él solía ir de vez en cuando a escribir en una mesa del rincón, como Jean Paul Sartre lo hacía a trecientos metros de allí, en un cuaderno de escolar y con una pluma fuente de tinta legítima que manchaba los dedos. Yo había leído *Bestiario*, su primer libro de cuentos, en un hotel de lance de Barranquilla donde dormía por un peso con cincuenta centavos entre los peloteros mal pagados y putas felices, y desde la primera página me di cuenta de que Julio era un escritor como el que yo hubiera querido ser cuando fuera grande. Alguien me dijo en París, que él escribía en el café *Old Navy* del bulevar Saint Germain, y allí lo esperé varias semanas, hasta que lo vi entrar como una aparición. Era el hombre más alto que se podía imaginar con una cara de niño perverso dentro de un interminable abrigo negro que más bien parecía la sotana de un viudo, y tenía los ojos muy separados como los de un novillo y tan oblicuos y diáfanos que habrían podido ser los del diablo si no hubieran estado sometidos al dominio del corazón.

Años después, cuando ya éramos amigos, creí volver a verlo como lo vi aquel día, pues me parece que se recreó a sí mismo en uno de sus cuentos mejor acabados —*El otro cielo*— en el personaje de un latinoamericano sin nombre que asistía de puro curioso a las ejecuciones en la guillotina. Como si lo hubiera hecho frente a un espejo Cortázar lo describió así: "Tenía una expresión distante y a la vez curiosamente fija, la cara de alguien que se ha inmovilizado en un momento de su sueño y rehúsa dar el paso que lo devolverá a la vigilia". Su personaje andaba envuelto en una hopalanda negra y larga, como el abrigo del propio Cortázar cuando lo vi por primera vez, pero el narrador no se atrevió a acercársele para preguntarle su origen, por temor a la fría cólera con que él mismo hubiera recibido una interpelación semejante. Lo raro es que yo tampoco me había atrevido a acercarme a Cortázar aquella tarde del *Old Navy*, y por el mismo temor. Lo vi escribir durante más

11

de una hora, sin una pausa para pensar, sin tomar nada más que medio vaso de agua mineral, hasta que empezó a oscurecer en la calle y guardó la pluma en el bolsillo y salió con el cuaderno debajo del brazo como el escolar más alto y más flaco del mundo. En las muchas veces que nos vimos años después, lo único que había cambiado en él era la barba densa y oscura, pues hasta hace apenas dos semanas parecía cierta la leyenda de que era inmortal, porque nunca había dejado de crecer y se mantuvo siempre en la misma edad con que había nacido. Nunca me atreví a preguntarle si era verdad, como tampoco le conté que en el otoño triste de 1956 lo había visto sin atreverme a decirle nada en su rincón del *Old Navy*, y sé que dondequiera que esté ahora estará mentándome la madre por mi timidez.

Los ídolos infunden respeto, admiración, cariño, y por supuesto grandes envidias. Cortázar inspiraba todos esos sentimientos como muy pocos escritores, pero inspiraba además otro menos frecuente: la devoción. Fue, tal vez sin proponérselo, el argentino que se hizo querer de todo el mundo. Sin embargo, me atrevo a pensar que si los muertos se mueren Cortázar debe estarse muriendo otra vez de vergüenza por la consternación mundial que ha causado su muerte. Nadie le temía más que él, ni en la vida real ni en los libros, a los honores póstumos y a los fastos funerarios. Más aún: siempre pensé que la muerte misma le parecía indecente. En alguna parte de *La vuelta al día en ochenta mundos,* un grupo de amigos no puede soportar la risa ante la evidencia de que un amigo común ha incurrido en la ridiculez de morirse. Por eso, porque lo conocí y lo quise tanto, me resisto a participar en los lamentos y elegías por Julio Cortázar. Prefiero seguir pensando en él como sin duda él lo quería, con el júbilo inmenso de que haya existido, con la alegría entrañable de haberlo conocido y la gratitud de que nos haya dejado para el mundo una obra tal vez inconclusa, pero tan bella e indestructible como su recuerdo.

CLAVES PARA LEER A JULIO CORTÁZAR

Policarpo Varón

Por más de cuarenta años la literatura constituyó el atributo esencial de la vida de Julio Cortázar. En 1984, al morir él, heredamos, quienes felizmente compartimos el agrado, la verdad, la perfección de su obra, un numeroso, diverso conjunto de textos... Este trabajo enumerará los momentos centrales de su biografía, comentará la obra del narrador, del traductor, del ensayista, indicará algunos rasgos de su poética, el carácter de su cuentística y propondrá una lectura de su libro de cuentos *Todos los fuegos el fuego*.

RESUMEN BIOGRÁFICO Y BIBLIOGRÁFICO

Julio Cortázar nació en Bruselas, el 26 de agosto de 1914, de padres argentinos. Dos años después los Cortázar regresaron a la Argentina y se radicaron en un suburbio bonaerense —Banfield— donde transcurrió la infancia y la adolescencia del escritor. Cortázar recibió educación pedagógica; en 1932 obtuvo el título de maestro en primaria, en 1935 el de maestro de enseñanza media. Un año más tarde ingresó a Letras en la Universidad de Buenos Aires; abandonó los estudios en 1937 y partió como profesor a Bolívar y Chivilcoy, pueblos de la provincia de Buenos Aires. De 1938 es su primera obra publicada (un poema: *Presencia*) que firmó con el seudónimo de Julio

Denis. Enseñó literatura francesa en la Universidad de Cuyo en 1944. Opuesto al peronismo, renunció a su puesto en esa institución y volvió a Buenos Aires como director de la Cámara Argentina del Libro. En 1949 publica su poema dramático *Los reyes* que prefigura algunos de los atributos de su literatura.

En 1951 ocurren dos hechos importantes en la vida de Julio Cortázar: aparece su memorable libro *Bestiario* y parte para Francia, a París, donde vivirá hasta su muerte. El volumen de cuentos mencionado es ejemplo de una característica central en el cuento argentino: la convivencia de la cotidianidad y lo sobrenatural; Jorge Luis Borges y Adolfo Bioy Casares han escrito textos de esta modalidad. Cortázar comienza a trabajar como traductor en la Unesco en 1952. Al año siguiente se casa con Aurora Bernárdez e inicia sus muchos viajes. Entre 1956 y 1970 publica sus libros mayores: los volúmenes de cuentos *Final de juego* (1956), *Las armas secretas* (1959), *Todos los fuegos el fuego* (1966); las novelas *Los premios* (1960), *Rayuela* (1963) y *62 modelo para armar* (1968); en 1962 las *Historias de cronopios y de famas,* además textos de género no fijado como *La vuelta al día en ochenta mundos* (de 1967) y *Último round* (de 1969). Durante estos años comienza su respaldo sentimental e ideológico a la Revolución Cubana (viaja a Cuba por primera vez en 1963).

En los setentas y en los ochentas (murió en 1984) publicó novelas (*Libro de Manuel,* 1973), cuentos —*Octaedro* (1974), *Alguien que anda por ahí, Ceremonias* (ambos de 1977), *Un tal Lucas* (1979), *Queremos tanto a Glenda* (1980) y *Deshoras* (1983)— poemas, prosas y textos algunos de carácter experimental en los cuales extremó sus procedimientos literarios. Tradujo las *Memorias de Adriano* de Marguerite Yourcenar, el *Robinson Crusoe* de Daniel Defoe, la obra completa de Edgar Allan Poe, compiló una antología de Pedro Salinas, etc.

Dentro de un criterio muy elástico de la obra enumerada de Cortázar son indispensables sus novelas, sus cuentos, sus textos inventivos y sus dos libros inclasificables *La vuelta al día en ochenta mundos* y *Último round*... Acaso esto deba entenderse así: la vida y la biografía de Julio Cortázar sólo son examinables, juzgables como vida y biografía literarias. No era Cortázar quizá una pasión, tampoco una inteligencia; era más bien una sensibilidad una mente literaria, un hombre inventivo, imaginativo...

LOS CRITERIOS EN UNA POÉTICA

EL PAÍS de Julio Cortázar, la Argentina en la que el escritor va a las aulas, en la que lee con el fervor de quien va a elegir la poesía, en la que desempeña sus primeras tareas como profesor y empleado editorial, la Argentina de los treintas y cuarentas, está descrita en las novelas de Roberto Arlt, en algunos ensayos de Borges, en *El pozo* y *Tierra de nadie* de Juan Carlos Onetti, en el memorable ensayo de Ezequiel Martínez Estrada *Radiografía de la pampa*, en una apasionada intuición de Raúl Scalabrini Ortiz: *El hombre que está solo y espera*. Son los tiempos del derrumbe (el fracaso político de Irigoyen), precursores de la gran esperanza peronista.

La vanguardia ultraísta (Oliverio Girondo, Leopoldo Marechal), Horacio Quiroga (*Cuentos de la selva para niños, Los desterrados*), el genio oral de Macedonio Fernández (sus procedimientos humorísticos), Jorge Luis Borges (*Historia universal de la infamia, Historia de la eternidad*) y Adolfo Bioy Casares (*La invención de Morel*) formularon un nuevo realismo narrativo. Este estímulo es muy evidente en dos atributos generales, explícitos de la narrativa de Cortázar: la busca de nuevos sujetos y la elaboración de un lenguaje propio.

Para Carlos Monsivais[1] la poética de Cortázar está relacionada con la intelección y comprensión de América Latina. Monsivais cita una carta de Cortázar (a Roberto Fernández Retamar) en la cual, trabajado por la ansiedad de la orilla europea, Cortázar intuye el *ethos* latinoamericano:

> ¿No te parece en verdad paradójico que un argentino casi enteramente volcado hacia Europa en su juventud, al punto de quemar las naves y venirse a Francia sin una idea precisa de su destino, haya descubierto aquí, después de una década, su verdadera condición de latinoamericano? Pero esta paradoja abre una cuestión más honda: la de si no es necesario situarse en la perspectiva más universal del viejo mundo, desde donde todo parece poder abarcarse con una especie de ubicuidad mental, para ir descubriendo poco a poco las verdaderas raíces de lo latinoamericano sin perder por eso la visión global de la historia y del hombre. La edad, la madurez, influyen desde luego pero no bastan para explicar ese proceso de reconciliación y recuperación de valores originales: insisto en creer (y en hablar por mí mismo y sólo para mí mismo) que si me hubiera quedado en Argentina, mi madurez de escritor se hubiera traducido de otra manera, probablemente más perfecta y satisfactoria para los historiadores de la literatura, pero ciertamente menos incitadora, provocadora y en última instancia fraternal para aquellos que leen mis libros por razones vitales y no con vistas a la ficha bibliográfica o a la clasificación estética (...) De la Argentina nació un escritor para quien la realidad, como la imaginaba Mallarmé, debía culminar en un libro; en París nació un hombre para quien los libros debían culminar en la realidad.

1. Su ensayo pertenece a la compilación editada por Pedro Lastra, una de las más importantes sobre Julio Cortázar (Lastra, Pedro, *Julio Cortázar*. Madrid, Taurus, 1981).

Cortázar escribe: "perspectiva más universal", "visión global", "incitación", "provocación", "fraternidad" y "razón vital" fórmulas a través de las cuales se podría iniciar la explicación de su poética. Porque Cortázar imaginó o razonó un cosmos poético en el cual el espacio, el tiempo, el lenguaje, la vida diaria, la consciencia y el cuerpo vibraran con la totalidad del universo; su poética, pues, es una epifanía de la perfección, de la felicidad y del amor; enfrenta al hábito, lo sólito, lo institucional, lo fragmentario, lo unilateral.

Monsivais explica que *Los reyes,* primer texto significativo del autor,

> prefigura una de las obsesiones cortazarianas: la consagración de una suerte de antihéroe que posee, para merecer el desprecio y el odio sociales, su libertad y su autenticidad. El Minotauro se llamará después Johnny Carter en *El perseguidor,* irresponsable, drogado, enfermizo; o será Horacio Oliveira en *Rayuela*, abandonado a las solicitaciones de una vagabunda para el escándalo de la policía.

Fernando Aínsa descompone la poética de Cortázar precisando que su hombre está *descolocado;* la descolocación caracteriza al hombre lúcido, al hombre de verdad. Razona Aínsa: "Esta descolocación ha sido llamada por el propio Cortázar el sentimiento de no estar del todo en cualquiera de las estructuras, de las telas que arma la vida y en la que somos a la vez araña y mosca". Ese sentimiento de "no estar del todo" instala obligadamente a sus personajes en una especie de "punto cero", una descolocación de la rutina, un corte en el contorno, que pueden permitir a la Maga de *Rayuela* enrostrarle a un "descolocado" Horacio Oliveira:

> Vos sos como testigo, sos el que vas al museo y mira los

cuadros. Quiere decir que los cuadros están ahí y vos en el museo, cerca y lejos al mismo tiempo. Yo soy un cuadro, Rocamadour es un cuadro. Étienne es un cuadro, esta pieza es un cuadro. Vos creés que estás en esta pieza, pero no estás. Vos estás mirando la pieza, no estás en la pieza.

El poeta, el hombre de busca, Johnny (de *El perseguidor*), Oliveira (de *Rayuela*), Rice (de *Instrucciones para John Howell*), el asistente (de *La isla al mediodía*), cuentos estos últimos de *Todos los fuegos el fuego*, buscan un centro, viajan hacia algo (hacia el tiempo o en el tiempo, tras un espacio, a otro país), se fugan, se evaden, sueñan, vivencian el trance del laberinto; Cortázar los imagina lúcidos, desacralizadores, trabajados por el *pathos* de lo original; los ha ganado la nostalgia de un paraíso, se deshacen en la culpa de un pecado original (¿de Argentina? ¿de América? ¿del hombre?). Porque encarnan el condicionamiento, la deshumanización, la estandarización de la vida, son criaturas analíticas, "autorreflexivas", criaturas para las cuales las anomalías de lo "autorreferencial", el sentimiento de que la realidad, el referente, es condena y castigo propios, les es característico. El personaje de Cortázar persigue la unidad; ignora quién es, para qué está en el mundo. Esa incertidumbre, esa desdicha, esa soledad constituye el sujeto de uno de los cuentos más perturbadores de este autor, *Instrucciones para John Howell*. El personaje desconoce por qué actúa, quién dirige, qué obra representa, quién escribe el texto...

El *principio activo*, el criterio estético de Julio Cortázar, conduciría a una "ética de la autenticidad". Oliveira, Johnny, Persio (*Los premios*) son hombres que trasgreden, que enfrentan el mundo —oponen la poesía a la razón—, que anhelan la vida de creación, expresada en la pasión, en la curiosidad, en el deseo, en la necesidad de superar lo colectivo; son personajes en quienes el lector percibe los conflictos del individuo y de la colectividad.

En *Historias de cronopios y de famas,* en *La vuelta al día en ochenta mundos* y en *62 modelo para armar* es posible identificar lo extremo del procedimiento poético de Cortázar. Su poética se funda en una sucesión de *epifanías,* de transparentes imágenes (de subliminales juegos, lenguajes, hombres) que llevan a la ambigüedad. De las categorías poéticas básicas suyas, es el humor una de las más importantes (*Rayuela, La vuelta al día en ochenta mundos, Todos los fuegos el fuego,* humor patético en *La salud de los enfermos* y humor violento en *La señorita Cora*). Dichosa convivencia de procedimientos y poética, arte y sentido, forma y fábula.

LOS HÁBITOS DEL CUENTISTA

En su conferencia sobre el cuento, Cortázar definió el género, mencionó los cuentistas que prefería, nombró algunos cuentos ejemplares en su opinión; *William Wilson* de Poe, *La dama del perrito* de Anton Chéjov, *Tlön, Uqbar, Orbis, Tertius* de Jorge Luis Borges y *Bola de Sebo* de Guy de Maupassant. Estas preferencias (preferencias en procedimientos, lenguaje, anécdotas, solución de la trama) aproximan al arte cuentístico de Cortázar.

Cortázar mismo explica sus fórmulas. Sobre el lenguaje:

Hace años que estoy convencido de que una de las razones que más se oponen a la gran literatura argentina de ficción es el falso lenguaje literario (sea realista o neorrealista o alambicadamente estetizante). Quiero decir que si bien no se trata de escribir como se habla en Argentina, es necesario encontrar un lenguaje literario que llegue por fin a tener la misma espontaneidad, el mismo derecho que nuestro hermoso, inteligente, rico y hasta deslumbrante estilo oral. Pocos, creo, se van acercando a ese lenguaje paralelo; pero ya son bastantes como para creer que fatalmente, desembocaremos un día en esa admirable libertad que tienen los escritores franceses o ingleses de escribir como quien respira y sin caer por eso en una parodia del lenguaje de la calle o de la casa.

Diversos autores han pormenorizado los procedimientos verbales del autor de *Casa tomada*:

metáforas e imágenes que van de lo ordinario a lo maravilloso o viceversa; adjetivación sugestiva que amplía al sustantivo, frases de oposición y verbos desusados y evocativos; uso de términos de diferentes categorías gramaticales; enumeraciones como remache violento de la idea: uso de la yuxtaposición, sin conexión explícita, para patentizar la marcha vigorosa del pensamiento; elipsis para subrayar dudas; predominio de la construcción nominal y verbal que recorta el estilo, fragmenta; las repeticiones que parecen liberar estados obsesivos del ser; interrupciones súbitas para invitar al lector a continuar; palabras claves que encaminan al más-allá, en donde puede estar la última respuesta; onomatopeyas para subrayar el tono conversacional; paréntesis y diversos usos del lenguaje: culto, lunfardo, conversacional.[2]

Cortázar aclara:

Lenguaje quiere decir residencia en una realidad, vivencia de una realidad [...] Hay que revivirlo, no re-animarlo [...] No se puede revivir el lenguaje si no se empieza por

---

2. Angela Delappiane. Cita tomada del ensayo de Luis Ernesto Lasso: *Seás de identidad en la cuentística hispanoamericana*. Bogotá, Universidad Nacional, 1990.

intuir de otra manera casi todo lo que constituye nuestra realidad. Del ser al verbo, no del verbo al ser.

Sobre la situación argentina, sobre el hombre y su ansiedad dice Cortázar:

> Hasta el momento de *El perseguidor* me sentía satisfecho con invenciones de tipo fantástico. En todos los cuentos de *Bestiario* y *Final de juego*, el hecho de crear, de imaginar una situación fantástica que se resolviera estéticamente, que produjera un cuento satisfactorio para mí, que siempre he sido exigente en este terreno, me bastaba. *Bestiario* es un libro de un hombre que no problematiza más allá de la literatura. Sus relatos son estructuras cerradas y los cuentos de *Final de juego* pertenecen todavía al mismo ciclo. Pero cuando escribí *El perseguidor* había llegado a un momento en que sentía que debía ocuparme de algo que estaba mucho más cerca de mí mismo. En ese cuento dejé de sentirme seguro. Abordé un problema de tipo existencial, de tipo humano que luego se amplió en *Los premios* y, sobre todo, en *Rayuela*. El tema fantástico, por lo fantástico mismo, dejó de interesarme en la medida en que antes me absorbía. Por ese entonces había llegado a la plena conciencia de la peligrosa perfección del cuentista, que alcanzando cierto nivel de realización, sigue así invariablemente. En *El perseguidor* quise renunciar a toda invención y ponerme dentro de mi terreno personal, es decir, mirarme un poco a mí mismo. Y mirarme a mí mismo era mirar al hombre, mirar también a mi prójimo. Yo había mirado muy poco al género humano hasta que escribí *El perseguidor*.

Rehacer el lenguaje literario, imaginar un hombre feliz y transformar el arte del cuento como designios del arte cuentístico de Julio Cortázar. Cito otros procedimientos suyos: predominio de las formas abiertas, condicionadas por la ausencia de finales o por la tensión interior que contradice o sobrepasa a estos; combinación de distintos enfoques narrativos; total aprovechamiento de la primera persona como profundización de una perspectiva psicológica-lingüística; acercamiento al objetivismo; alternancia de tiempos y ritmos; irrupción del lirismo en el relato; libre utilización de técnicas cinematográficas: sobreimpresos, imágenes simultáneas, imágenes símbolos y motivos constantes; signos de sugestión y palabras claves; fluidez en el manejo de las categorías temporo-espaciales; uso del elemento lúdico.

PUERTAS DE *TODOS LOS FUEGOS EL FUEGO*

Todos los fuegos el fuego es el cuarto libro de cuentos de Julio Cortázar. Lo publicó en Buenos Aires la Editorial Sudamericana en 1966. Consta de ocho textos: *La autopista del sur, La salud de los enfermos, Reunión, La señorita Cora, La isla al mediodía, Instrucciones para John Howell, Todos los fuegos el fuego* y *El otro cielo.*

Haré breves observaciones sobre cada uno de los cuentos (para situarlos según las modalidades del género en el autor) y luego mencionaré algunas características del conjunto en relación con otras de sus colecciones.

La autopista del sur relata un caso de "embotellamiento" una tarde de un día festivo a la hora del regreso a París. El cuento describe la ansiedad inicial: una suerte de convivencia debida a la demora; durante el tiempo que vehículos y personas permanecen inmóviles se van conformando un espectro social, unas psicologías, unos afectos, unas soledades: aparecen la niñez, los ancianos, el amor, el coito, intimidades y agresiones. El argumento es simple —en cuanto es un estudio de las conductas humanas— y se cierra en el adiós que devuelve esa pequeña humanidad a la soledad.

Nada en *La autopista del sur* suscita lo mágico, salvo lo insólito de la situación (las peripecias propias del momento); los hechos, las anécdotas están fijados dentro de una cotidianidad obvia. Al lector lo inquieta una perturbadora soledad, al final... Como alguien no llamado entran en esas vidas —un momento felices— las anomalías propias de toda existencia.

La salud de los enfermos: un cuento en el cual Cortázar intercala una realidad lateral, perturbadora. Una vieja mujer —este es, resumido, el argumento—debe ignorar que uno de sus hijos ha muerto. Los hermanos del difunto imaginan un viaje, una correspondencia, una permanencia en el extranjero. Esa identidad lejana se instala en casa. El final muestra a la vieja mujer consciente de la mentira de sus familiares. El plano no real está construido a través de la intercalación de una vida dentro de la vida del texto. El lenguaje y la acción se fijan dentro de las conductas de la clase media argentina (preferida por tantos relatos de los cuatro primeros libros de Cortázar).

Reunión: es esencial en este cuento la entonación, pues a través de ella —por medio de la primera persona— Cortázar trabaja los particularismos lingüísticos y elabora la lengua. El sujeto aquí es político —se cuenta el desplazamiento de una fuerza revolucionaria— pero la acción sucede dentro de un absoluto menos real: la consciencia de un hombre; cuando las particularidades de ésta se hacen visibles deviene lo maravilloso.

La señorita Cora: aunque Cortázar no perturba la cotidianidad de los cuatro o cinco protagonistas (ni por medio de un lenguaje alógico, o por la aparición de extraños (como en *Casa tomada*), o por la introducción de los dobles, de la posesión o de los insectos, que declaran la psicología, sí introduce un rasgo técnico que usará en otros cuentos de

este libro. El cuento describe las ansiedades de un joven-
cito, a quien llevan al sanatorio para una operación; el
adolescente se enfrenta a los cuidados, al trato infantil que
le dan su enfermera (Cora) y la madre (quien alude a él
como a "el nene"). La crítica ha visto en este cuento un
sujeto recurrente en Cortázar: el del personaje que busca
escapar a la coerción que ejercen la costumbre o los otros;
la del hombre que pregunta quién es.

La innovación técnica a la que se aludió (usada, también,
en *Todos los fuegos el fuego* y *El otro cielo* de este libro)
consiste en que los planos cambian con el narrador, hay
cuatro o más narradores (Cortázar dispone, desplaza y
combina cuatro voces).

La isla al mediodía: en este texto describe el autor un
personaje —un camarero de avión— que busca un espacio privilegiado; es el hombre *standard* que quiere salvarse,
que persigue un refugio; en sucesivos viajes ha visto una
isla desde el aire; la localiza en los mapas, la visita. Durante
su permanencia, algo insólito, mágico ocurre; su avión cae
en el mar próximo a la isla. Aquí la extraña simetría entre
salvación y muerte es obvia; es perturbadora para el lector
la prefiguración de lo terrorífico por una busca de salvación.

El cuento siguiente de este libro, *Instrucciones para John
Howell,* ha suscitado muchas observaciones. Uno diría que
se trata de una reflexión sobre la identidad esencial entre
vivir, soñar y representar. Los temas recurrentes de Cortázar aparecen aquí: lo sobrenatural (Howell es introducido
en la irrealidad), la vida como actuación (en cierto modo
el cuento pregunta dónde está mi espacio y mi identidad)
pues el protagonista hace parte de un reparto y de un
drama que ignora. Un sujeto es obvio en John Howell: el
de las ambigüedades o las posibilidades de identidad y de
acción.

Los últimos relatos de *Todos los fuegos el fuego* trabajan

sobre la simetría en los espacios y en los tiempos: como ríos que fluyen hacia un mismo sitio. El primero —que da título al libro— describe una historia de circo imperial romano y, a la vez, una historia de amor en el siglo XX en un décimo piso de París. Los dos tiempos y los dos espacios se unifican al final.

En *El otro cielo* un hombre —o varias identidades intercambiables— erra por pasajes de Buenos Aires en un tiempo y por una galería de París en otro. Las convivencias, las simetrías, las identidades, las peripecias, se confunden, se intercalan, se intercambian.

Todos los fuegos el fuego es un libro en el cual Julio Cortázar describió sujetos realistas —*La autopista del sur, La salud de los enfermos, La señorita Cora*—superando o enriqueciendo su vocación por lo maravilloso. Por esto es un libro característico —de transición hacia *Alguien que anda por ahí* o *Queremos tanto a Glenda*— en su cuentística. Los restantes cuentos mantienen el prestigio de las mezclas, de los juegos (temporales, espaciales, de identidad), de los modelos para la esperanza tan caros al autor de *Bestiario*, de *Final de juego*, de *Las armas secretas*.

Algo es visible en este punto: la novela, el cuento, el ensayo de Cortázar estimulan de tal modo al lector, es tan rica su literatura en matices, en problemas, que debemos cederle la palabra a su espléndido, inquietante libro...

CITAS A PROPÓSITO DE CORTÁZAR Y SU OBRA.

ADMIRO su obra por lo que tiene de renovador. Cortázar quiso pelear contra las formas estereotipadas de la novela y el cuento y buscar la otra cara de la luna.

Juan Carlos Onetti

ES UNA pérdida muy grande para la literatura hispanoamericana, para la causa de los derechos humanos.

Ernesto Sábato

NO HE leído ninguna de sus novelas, pero en cambio sus cuentos me parecen lindísimos.

Jorge Luis Borges

FUE SIEMPRE un joven audaz en el trapecio volante de la vida, comprometido con la invención poética, con el amor y la solidaridad.

Haroldo de Campos

POSEÍA como ninguno el don de la sencillez, de la modestia, de la humanidad, del recato afable, esa pequeña y altísima cualidad tan poco común en el hombre de genio.

Miguel Otero Silva

JULIO Cortázar fue un extraordinario maestro del humor a la altura de su tiempo, mas no por divertirse y atrapar lectores principalmente, sino porque sabía que a través del humor podía explorar territorios insospechados, decir cosas muy serias, meterse en camisa de once varas —deber eterno del escritor— y navegar las aguas siempre distintas del mismo río.

Luis Suardíaz

CORTÁZAR es [...] un hombre de su época, un argentino, un latinoamericano de *El libro de Manuel,* el latinoamericano que ha sentido y entendido la lucha de su pueblo argentino, de los pueblos encadenados y ensangrentados en distintas latitudes de América Latina [...]

Sergio Ramírez

EN ESA oscilación binaria construyó Cortázar su obra y gastó su vida. Europa, Francia fueron para él generosos refugios, eficaces cajas de resonancia. Vivo o muerto, sin embargo, Julio Cortázar fue y es siempre argentino, un argentino irreductible.

César Fernández Moreno

EN LITERATURA conservó siempre su infancia. Jugador empedernido hasta la edad madura, fue una constante de su personalidad y de su vida [...] Pero jugaba en serio. El juego que descubre la verdad en el fraude de los nombres, de los lugares comunes, de la historia que le contaron en la escuela, de la superficie que vivimos y aprendemos.

Volodia Teitelboim

ALGUNOS pensarán que Cortázar muerto molesta menos que Cortázar vivo. Se equivocan, claro. Cortázar les molestará siempre, ya que su obra y su actitud seguirán marcando rumbos, abriendo camino, y los lectores, que siempre fueron fieles, y particularmente los jóvenes de Latinoamérica, los de hoy y los de mañana, seguirán acudiendo a sus páginas como quien penetra en un mundo en que la realidad es un descubrimiento, y la fantasía, un hecho cotidiano. La verdad escueta, irreversible, es que hemos perdido a un ser entrañable que nos contaba historias inesperadas y asombrosas.

Mario Benedetti

LA AUDACIA suya no pierde sus asideros de realidad, no se vacía de contenido y se lanza a crear símbolos y personajes apreciables inteligibles: los cronopios, la Maga o su músico de jazz.

Tomás Borge

[...] UNO DE los principales aportes de Julio Cortázar como ser humano es que él supo demostrar pese a todo el bombardeo ideológico, de la competencia, de la sobrevivencia, de la persecución y de las negruras de la vida, que el hombre puede ser perfectamente tierno sin ser niño.

Ermengarda Palumbo

"LOS LIBROS culminaron en la realidad", y el espíritu explorador de Julio Cortázar fue mucho más allá de sus libros, llegó al ejercicio pleno de la solidaridad humana, al quehacer por los prisioneros políticos uruguayos, por los desaparecidos en Argentina, a su profunda amistad con la

Revolución Cubana, a su entrega militante a la causa sandinista.

Fernando Butazzoni

PARA él, la palabra no era una sustitución, una fuga, sino la manera de buscar, de transgredir lo absoluto que asfixiaba al hombre. Eso era Julio Cortázar: un dulce transgresor.

Rogelio Rodríguez Coronel

LA VIDA es una trama que otros tejen y fertilizan con su compañía y su pensar. Pero si Julio Cortázar ha muerto, ahora sepamos conocer sus libros con provecho. ¿Qué hay en ellos, sino la vida?

Anton Arrufat

SI IDENTIFICAMOS juventud con alegría de vivir, con entusiasmo, con amor, con insaciabilidad sensorial y espiritual, con juego, con incansable renovación artística, con una límpida fe en el hombre, en la revolución, en una sociedad realmente justa para todos los humanos, debemos decir: a los sesentinueve años, murió el escritor más joven de esta América, Julio Cortázar.

Rumen Stoyanov

DENTRO del desarrollo de la nueva novela hispanoamericana la obra de Julio Cortázar forma la piedra angular que sostiene los dos contrafuertes del arco estructurado, hacia uno de los lados, por las obras realistas de Carlos Fuentes y Mario Vargas Llosa, y hacia el otro por la narrativa fantástica y de realismo mágico de Juan Rulfo, José María

Arguedas y Gabriel García Márquez. Las dos tendencias las une, de manera brillante, Julio Cortázar.

Luis Leal

COMO los místicos, Cortázar canta ausencias. El acto de escribir llena este espacio, teóricamente porque nos enfrenta con hechos mágicos [...] y prácticamente porque afirma lo efímero, el autor mismo mano a mano con la inexistencia, es decir, el tiempo, la enajenación absoluta. Es de la historia, la historia literaria, de donde brota Cortázar, y es la historia a donde tendrá que volver. Sólo la tradición lo salvará, aunque el Cortázar vivo, como el "yo" de "Borges y yo", esperará su iluminación.

Alfred J. Mac Adam

EL ESCRITOR y sus personajes, y los lectores que acepten la propuesta del juego, vivirán a la búsqueda de nuevos centros orientadores. Caminar sobre las calles [...] recorrer pasillos, abrir una ventana o una puerta, divagar distraídamente, se convierten así en una prodigiosa aventura, tan simple en su cotidianidad como maravillosa en sus posibilidades.

Rubén Benítez

EN CORTÁZAR [...] el mundo fantástico no está prolijamente separado del cotidiano. Hay una constante gravitación de uno sobre otro. Destacar la posibilidad del absurdo, crearla en los textos es [...] una manera de agresión contra la realidad convencional: un acto de apertura.

Alicia Borinsky

CRONOLOGÍA

	JULIO CORTÁZAR	CONTEXTO CULTURAL	CONTEXTO HISTÓRICO
1914	Nace en Bruselas, siendo su padre agregado de la embajada de Argentina en Bélgica.	Nace Adolfo Bioy Casares. Rubén Darío: *Canto a la Argentina*.	Estalla la Primera Guerra Mundial con el asesinato del archiduque Francisco Fernando de Austria en Sarajevo. Batalla del Marne, invasión de Francia por el ejército alemán. Finalizan las obras del Canal de Panamá.
1915		Nace Roland Barthes. Güiraldes: *El cencerro de cristal* (poemas).	Fracaso de la campaña de los Dardanelos contra Turquía.
1916		Quiroga: *Cuentos de amor, de locura y de muerte*. Azuela: *Los de abajo*. Muere Rubén Darío.	Fracaso de la revolución en Irlanda. Batalla de Somme.
1917		Zum Felde: *El Huana Kauri*. Lugones: *El libro de los elogios*.	Revolución rusa, los bolcheviques toman el poder. Estados Unidos entra en la guerra al lado de los aliados. Batallas de Aisne, Flandes y Argonne.
1918	La familia Cortázar se traslada a	Nacen Juan Rulfo e Ingmar Bergman.	Fin de la Primera Guerra Mundial.

	Buenos Aires cuando finaliza la misión diplomática de su padre. Pasa su infancia en Banfield, lugar próximo a Buenos Aires.	Quiroga: *Cuentos de la selva*. C. Vallejo: *Los heraldos negros*. Martínez Estrada: *Oro y piedra*. Alfonsina Storni: *El dulce daño*.
1919		Tratado de Versalles con Alemania.
	Arguedas: *Raza de bronce*. Huidobro: *Altazor*. Muere Ricardo Palma.	
1920	F. Scott Fitzgerald: *De este lado del paraíso*.	La SDN (Sociedad de las Naciones) se reúne por primera vez. América no toma parte. Guerra civil en Irlanda.
1921	Samuel Glusberg funda la revista *Babel*, que más tarde pasa a ser la empresa Babel: Biblioteca Argentina de Buenos Ediciones Literarias.	
1922	Girondo: *Veinte poemas para ser leídos en el tranvía*. Mistral: *Desolación*. Joyce: *Ulises*. Valéry: *El cementerio marino*. T.S. Eliot: *Tierra baldía*. V. Woolf: *El cuarto de Jacob*. Hesse: *Siddharta*. Muere Graham Bell.	En Italia, Mussolini toma el poder. Se constituye la Unión de Repúblicas Socialistas Soviéticas (URSS).
1923	Nace Italo Calvino. Borges: *Fervor de Buenos Aires*. Neruda: *Crepusculario*. Quiroga: *Anaconda*. I. Babel: *Cuentos de Odesa*. Azuela: *La malhora*. C. Vallejo: *Poemas humanos*.	Turquía se transforma en República.

	JULIO CORTÁZAR	CONTEXTO CULTURAL	CONTEXTO HISTÓRICO
1924		Neruda: *Veinte poemas de amor y una canción desesperada*. Bretón: *Manifiesto del surrealismo*. Rivera: *La vorágine*. Mann: *La montaña mágica*. Muere Joseph Conrad.	Muere Lenin. Stalin y Trotsky se disputan el poder.
1925		Nace José Donoso. Asturias traduce el *Popol-Vuh*. Girondo: *Calcomanías*. Fitzgerald: *El gran Gatsby*. Kafka: *El proceso*.	Tropas norteamericanas desembarcan en Honduras y Nicaragua.
1926		Nace Foucault. Borges: *Luna de enfrente*. Leopoldo Marechal: *Días como flechas*. Neruda: *Tentativa del hombre infinito*. Güiraldes: *Don Segundo Sombra*.	Huelga general en Gran Bretaña.
1927		Luis Cernuda: *Perfil del aire*. Hesse: *El lobo estepario*. Muere Ricardo Güiraldes.	
1928		Nacen Eduardo Cote Lamus, Carlos Fuentes y Gabriel García Márquez. Carrasquilla: *La marquesa de Yolombó*. Borges: *El idioma de los argentinos*. Macedonio Fernández: *No todo es vigilia la de los ojos abiertos*. V. Woolf: *Orlando*. Yeats: *Innsfree, la isla del lago* y *La torre*. Lawrence: *El*	El gobierno colombiano firma un nuevo tratado de límites y navegación con Brasil. A través del tratado de China, se reconoce el gobierno de Nankín.

	amante de Lady Chatterley. Huxley: *Contrapunto*. Brecht: *La ópera de dos centavos*. Stravinsky: *El beso del hada*. Ravel: *Bolero*. Buñuel: *El perro andaluz*. Mueren José Eustasio Rivera y Thomas Hardy.	
1929	Nacen Guillermo Cabrera Infante y Milan Kundera. Gallegos: *Doña Bárbara*. Hemingway: *Adiós a las armas*. Faulkner: *El sonido y la furia*. Neruda: *Residencia en la tierra*. Marechal: *Odas para el hombre y la mujer*. Picasso: *La mujer sentada en la playa*. Dalí: *Retrato de Paul Eluard*. Thomas Mann, premio Nobel de Literatura.	Crisis económica mundial. Nace Martin Luther King.
1930	Borges: *Evaristo Carriego*. Macedonio Fernández: *Papeles de recienvenido*. Dos Passos: *El paralelo 42*. Faulkner: *Mientras agonizo*. Asturias: *Leyendas de Guatemala*. Muere D.H. Lawrence.	Cambio de gobierno anticonstitucional en Argentina, Perú, Santo Domingo, Chile, Honduras, Guatemala y El Salvador.
1931	V. Woolf: *Las olas*. Faulkner: *Santuario*. Kafka: *La construcción de la muralla china* (póstuma). Dalí: *La vejez de Guillermo Tell*. Stravinsky: *Concierto para violín y orquesta*. Muere Thomas Alva Edison.	Cae la Monarquía española y nace la Segunda República. Reorganización de la economía norteamericana, el *New Deal*. Creación de la Commonwealth. En Rusia prohibición de partidos y sindicatos.
1932	Barba Jacob: *Canciones y elegías*. Arcinie-	Guerra del Amazonas entre Perú y Co-

	JULIO CORTÁZAR	CONTEXTO CULTURAL	CONTEXTO HISTÓRICO
		gas: *Los estudiantes de la mesa redonda.* Sanín Cano: *Crítica y arte.* Borges: *Discusión.* Huxley: *Un mundo feliz.* Faulkner: *Luz de agosto.* Girondo: *Espantapájaros (Al alcance de todos).*	lombia. Guerra del Chaco entre Bolivia y Paraguay. Uruguay rompe relaciones con Argentina.
1933		Barba Jacob: *Rosas negras.* Carpentier: *Ecué-yamba-o.* Auden: *La danza de la muerte.* Elliot: *Asesinato en la catedral.* J. Amado: *Cacao.* Muere José María Vargas Vila.	Hitler, encargado de la cancillería del Reich, empieza una campaña contra socialistas y comunistas. Inicio de la llamada revolución nazi. Roosevelt impone la política del *New Deal.*
1934		Zalamea Borda: *Cuatro años a bordo de mí mismo.* Graves: *Yo, Claudio.* J. Icaza: *Huasipungo.* Fitzgerald: *Suave es la noche.* R. Gallegos: *Cantaclaro.*	Fin de la guerra con Perú con la firma del protocolo de Río de Janeiro, ratificándose el tratado de límites de 1922. Estados Unidos establece relaciones diplomáticas con la Unión Soviética. Rearme en Gran Bretaña. Hitler se convierte en Führer. Muere Augusto César Sandino.
1935		Borges: *Historia universal de la infamia.* Ciro Alegría: *La serpiente de oro.* Gallegos: *Canaima.* Stravinsky: *Concierto para dos pianos.*	

1936		Nace Mario Vargas Llosa. Carrasquilla: *Hace tiempos*. Borges: *Historia de la eternidad*. Neruda: *Veinte poemas de amor*. Mitchell: *Lo que el viento se llevó*. Faulkner: *¡Absalón, Absalón!* Canetti: *Auto de fe*. Mueren Miguel de Unamuno, Kipling, Chesterton y García Lorca. Eugene O'Neill, premio Nobel de Literatura.	Inicio de la guerra civil española. Constitución del Eje Roma-Berlín.
1937		Barba Jacob: *La canción de la vida profunda y otros poemas*. Arciniegas: *América, tierra firme*. León de Greiff: *Prosas de Gaspar*. Carrasquilla: *De tejas arriba*. Lezama Lima: *Narciso*. Woolf: *Los años*. Marechal: *Cinco poemas australes*. Girondo: *Interludio*. Gallegos: *Pobre negro*. Lezama Lima: *La muerte de Narciso*. Miró: *Bodegón del zapato viejo*. Picasso: *Guernica*. Stravinsky: *Juego de cartas*. Mueren Horacio Quiroga y Maurice Ravel. Neruda y Vallejo fundan en España el "grupo hispanoamericano de ayuda a España". Lazslo Moholy-Nagy funda en Chicago la Nueva Bauhaus.	Guerra chino-japonesa.
1938	Bajo el seudónimo de Julio Denis publica un volumen de poemas titulado *Presencia*.	Arciniegas: *Los Comuneros*. Sartre: *La náusea*. Graham Greene: *Brighton, parque de atracciones*. Dalí: *Retrato de Freud*. Walt Disney: *Blanca Nieves y los siete enanitos*	En Chile, el Frente Popular gana las elecciones. Pacto de Munich para frenar la expansión alemana.

	JULIO CORTÁZAR	CONTEXTO CULTURAL	CONTEXTO HISTÓRICO
1939		(primer largometraje de dibujos animados). Muere Husserl.	
		J. Rojas: *La ciudad sumergida*. Onetti: *El pozo*. Sartre: *El muro*. Wells: *El destino del homo sapiens*. Thomas: *Mapa de amor*. Steinbeck: *Las uvas de la ira*. Faulkner: *Las palmeras salvajes*. Ciro Alegría: *Los perros hambrientos*. Stravinsky: *Poética musical en seis lecciones*. Mueren Sigmund Freud, Antonio Machado y Yeats. Fundación de la *Revista de Filología Hispánica*, Buenos Aires.	Fin de la guerra española. Pacto de no agresión germano-soviético. Terremoto en Chile. Estalla la Segunda Guerra Mundial. Alemania invade Polonia; Inglaterra y Francia le declaran la guerra.
1940		Hemingway: *Por quién doblan las campanas*. Graham Greene: *El poder y la gloria*. Yeats: *Últimos poemas* (póstuma). O'Neill: *El largo viaje hacia la noche*. Marechal: *Sonetos a Sofía*. Girondo: *Nuestra actitud ante el desastre*. Picasso: *Pesca nocturna en Antibes*. Mueren Tomás Carrasquilla y Francis Scott Fitzgerald.	En Estados Unidos formación de un gabinete de unión nacional encabezado por Winston Churchill.
1941		Arciniegas: *Los alemanes en la conquista de América*. Borges, Bioy Casares y Silvina	Ataque japonés contra Pearl Harbor; como consecuencia Estados Unidos de-

Año	Vida	Literatura y cultura	Historia
		Ocampo: *Antología de la literatura fantástica*. Onetti: *Tierra sin nadie*. Macedonio Fernández: *Una novela que comienza*. Lezama Lima: *Enemigo rumor*. Roa Bastos: *Fulgencio Miranda*. C. Alegría: *El mundo es ancho y ajeno*. John Huston: *El halcón maltés* (película). Mueren James Joyce y Virginia Woolf.	...clara la guerra a las potencias del Eje. Nace Mu'Ammar Al-Gadafi.
1942		Neruda: *Tercera residencia*. Girondo: *Persuasión de los días*. Stravinsky: *Circus Polka* y *Danzas Concertantes*. Strauss: *Capriccio*. Muere Porfirio Barba Jacob.	Judíos europeos son trasladados a campos de concentración al este de Alemania. Cerco de la ciudad rusa de Stalingrado (antes llamada Zaritzyn): es conquistada por fuerzas alemanas y defendida contra ataques del ejército soviético; Rusia hace prisionero al mariscal Von Paulus.
1943		Sartre: *Las moscas*. Onetti: *Para esta noche*. Felisberto Hernández: *El caballo perdido*. Hernando Téllez: *Inquietud del mundo*.	Nace Lech Walesa.
1944	Participa en la lucha contra el peronismo.	Borges: *Ficciones*. Sartre: *A puerta cerrada*. Lowry: *Bajo el volcán*. Williams: *El zoológico de cristal*. Mishima: *El bosque del llano de la flor*. Stravinsky: *Escenas de ballet*. Mueren Antoine de Saint-Exupéry y Kandinsky.	

	JULIO CORTÁZAR	CONTEXTO CULTURAL	CONTEXTO HISTÓRICO
1945		Arciniegas: *Biografía del Caribe*. Alfaro Siqueiros: *No hay más ruta que la nuestra*. Macedonio Fernández: *Continuación de la nada*. Lezama Lima: *Aventuras sigilosas*. Maugham: *El filo de la navaja*. Sábato: *Uno y el Universo*. Orwell: *Rebelión en la granja*. Bioy Casares: *Plan de evasión*. Miró: *La corrida de toros*. Stravinsky: *Ebony Concert*. Rossellini: *Roma, ciudad abierta*. Gabriela Mistral, premio Nobel de Literatura. Nace en Italia el Neorrealismo.	En Argentina, el general Perón asume el poder. Asume la presidencia de Colombia Alberto Lleras Camargo, candidato del Frente Nacional. Fundación de la ONU (Organización de las Naciones Unidas) y primera reunión en San Francisco. Explota una bomba atómica sobre la ciudad japonesa de Hiroshima. Una segunda bomba es lanzada sobre Nagasaki. Fin de la Segunda Guerra Mundial. El partido Laborista gana elecciones en Inglaterra. Se inicia una etapa de nacionalizaciones que empieza por la nacionalización del Banco de Inglaterra. Berlín (antigua capital alemana) pasa a ser gobernada como única entidad por Estados Unidos, Gran Bretaña, Francia y la Unión Soviética. Conferencia de Potsdam. Se inicia el Proceso de Nuremberg. Mueren Roosevelt, Mussolini y Hitler.
1946	Publica el cuento *Casa Tomada* en *Los Anales de Buenos Aires*.	Borges y Bioy Casares: *Dos fantasías memorables* y *Un modelo para la muerte*. Asturias: *El Señor Presidente*. Thomas: *Defuncio-*	Victoria electoral de Perón en Argentina. El Tribunal Militar Internacional, formado por representantes de Estados Uni-

Borges y Bioy Casares: *Crónicas de Bustos Domecq.* Borges: *El jardín de los senderos que se bifurcan.* Felisberto Hernández: *Nadie encendía las lámparas.* Williams: *Un tranvía llamado deseo.* Mann: *Doctor Faustus.* Octavio Paz: *El laberinto de la soledad.* Beauvoir: *Para una moral de la ambigüedad.* John Huston: *El tesoro de la Sierra Madre.* Rossellini: *El amor.* Lattuada: *Sin piedad.*

nes y nacimientos. Frish: *La Muralla China.* Beauvoir: *Todos los hombres son mortales.* Girondo: *Campo nuestro.* Vittorio de Sica: *El limpiabotas.* Muere H.G. Wells.

dos, Francia, Inglaterra y Rusia hace público el veredicto del proceso contra dirigentes nazis acusados de "crímenes de guerra"; días después se ejecutan las penas de muerte.

Tropas inglesas abandonan la India. Independencia de la India, Pakistán y Birmania.

1947 En *Los Anales de Buenos Aires* aparece el cuento *Bestiario.*

1948

Graham Greene: *El revés de la trama.* Orwell: *1984.* Sábato: *El túnel.* Truman Capote: *Otras voces, otros ámbitos.* Marechal: *Adán Buenosayres.* Bioy Casares: *La trama celeste.* Stravinsky: *Orfeo.* John Huston: *Cayo Largo.* Bergman: *Prisión.* Vittorio de Sica: *Ladrón de bicicletas.* Visconti: *La tierra tiembla.* Lattuada: *El molino del Po.* Muere Antonin Artaud.

El 9 de abril, es asesinado en Bogotá el líder político Jorge Eliecer Gaitán, causando un motín popular en Colombia. IX Conferencia Panamericana en Bogotá. Ruptura unilateral de relaciones diplomáticas con la Unión Soviética. El senador McCarthy inicia la "caza de brujas" contra los comunistas en Estados Unidos. Cesa el mandato británico sobre Palestina y se proclama el nuevo estado de Israel. Primera guerra árabe-israelí. Unión Soviética bloquea a Berlín. Fundación de la

	JULIO CORTÁZAR	CONTEXTO CULTURAL	CONTEXTO HISTÓRICO
1949	Publica el poema dramático *Los reyes*, primera obra que firma con su nombre.	Nace Patrick Suskind. Borges: *El aleph*. Carpentier: *El reino de este mundo*. Felisberto Hernández: *Las hortensias*. Lezama Lima: *La fijeza*. Pound: *Cantos pisanos*. Brecht: *Madre coraje y sus hijos*. Böll: *El tren fue puntual*. Mishima: *Confesiones de una máscara*. Beauvoir: *El segundo sexo*. Asturias: *Hombres de maíz*. Picasso: *Paloma de la paz*. Muere Richard Strauss. Faulkner, premio Nobel de Literatura.	OEA (Organización de Estados Americanos). Creación de la OCDE (Organización Europea de Cooperación Económica). Muere Mahatma Gandhi. Gran Bretaña firma el Pacto del Atlántico. Constitución de la República Federal de Alemania y de la República Democrática Alemana. Mao Tsé-tung proclama en Pekín la República Popular China. Se inaugura el régimen comunista en China.
1950		Neruda: *Canto general*. Onetti: *La vida breve*. Graham Greene: *El tercer hombre*. Williams: *La rosa tatuada*. Asturias: *Viento fuerte*. Huston: *La jungla de asfalto*. Bergman: *Juegos de verano*. Vittorio de Sica: *Milagro en Milán*. Rossellini: *Francisco, juglar de Dios*. Mueren Luis Carlos López, George Orwell y Bernard Shaw.	Creación de la Unión Aduanera Europea y de la CECA (Comunidad Europea del carbón y del acero). Inicio de la guerra de Corea.

Año			
1951	Viaja a París. Es traductor de la UNESCO.	Sábato: *Hombres y engranajes*. McCullers: *La balada del café triste*. Truman Capote: *El arpa verde*. Borges: *La muerte y la brújula*. Dalí: *Cristo de San Juan de la Cruz*. Huston: *La reina de África*.	
1952	Aparece el cuento *Axolotl* en *Buenos Aires Literaria*.	Caballero Calderón: *El Cristo de espaldas*. Borges: *Otras inquisiciones*. Hemingway: *El viejo y el mar*. Yourcenar: *Memorias de Adriano*. Vittorio de Sica: *Umberto D*. Rossellini: *Europa 51*. Lattuada: *El alcalde, el escribano y su abrigo*. Buñuel: *Los olvidados*. Mueren Macedonio Fernández y Louis Braille.	Revolución Nacional en Bolivia. Estados Unidos interviene en la guerra de Corea. Estalla la Guerra Fría. Muere Jorge VI, le sucede Isabel II.
1953	Se casa con Aurora Bernárdez.	Carpentier: *Los pasos perdidos*. Macedonio Fernández: *Poemas* (póstuma). Roa Bastos: *El trueno entre las hojas*. Juan Rulfo *El llano en llamas*. Bergman: *Noche de circo*. Rossellini: *Te querré siempre*. Mueren Dylan Thomas y Eugene O'Neill.	En Colombia, Laureano Gómez es derrocado por Gustavo Rojas Pinilla. Fin de la guerra de Corea. Muere José Stalin.
1954	*Buenos Aires Literaria* publica *Torito*.	Caballero Calderón: *Siervo sin tierra*. Neruda: *Las uvas y el viento* y *Odas elementales*. Onetti: *Los adioses*. Golding: *El señor de las moscas*. Mistral: *Lagar*. Yourcenar: *Electra o la caída de las máscaras*. Beauvoir: *Los mandarines*. Girondo: *En la masmédula*. Asturias: *El papa verde*. Bioy Casares: *El sueño de*	Gran Bretaña abandona la zona del Canal de Suez y de Sudán. Rusia reconoce soberanía de la República Democrática de Alemania. La República Federal Alemana entra en la OTAN.

	JULIO CORTÁZAR	CONTEXTO CULTURAL	CONTEXTO HISTÓRICO
		los héroes. Vittorio de Sica: *El oro de Nápoles.* Visconti: *Senso.* Hemingway, premio Nobel de Literatura.	
1955		Juan Rulfo: *Pedro Páramo.* Asturias: *Los ojos de los enterrados.* García Márquez: *La hojarasca.* Donoso: *El verano y otros cuentos.* Nabokov: *Lolita.* Williams: *La gata sobre el tejado de zinc.* Stravinsky: *Canticum sacrum in honorem Sancti Marci.* Bergman: *Sonrisas de una noche de verano.* Mueren José Ortega y Gasset, Thomas Mann, Albert Einstein y Alexander Fleming.	Perón, presidente de Argentina es derrocado por un movimiento militar. En Ginebra, celebración de la Conferencia de los Cuatro Grandes.
1956	*Final del Juego* (9 cuentos). Traduce las obras en prosa de Edgar A. Poe.	Octavio Paz: *El arco y la lira.* Pound: *Cantares.* Yourcenar: *Las caridades de Alcipo.* Bergman: *El séptimo sello.* Vittorio de Sica: *El techo.* Muere Bertolt Brecht. Juan Ramón Jiménez, premio Nobel de Literatura.	Creación del Consejo Episcopal Latinoamericano. Muere Anastasio Somoza. Expedición inglesa a Suez. Coalición de Israel, Francia y Gran Bretaña desencadena una ofensiva militar contra Egipto. En China campaña de las "Cien Flores".
1957		Octavio Paz: *Las peras del olmo* y *Libertad bajo palabra.* Durrell empieza la publicación de *El cuarteto de Alejandría.* Bergman:	Ley para la defensa del derecho de voto de los negros. Rusia lanza el primer satélite artificial de la Tierra.

	Fresas salvajes. Rossellini: *India*. Mueren Gabriela Mistral, Malcolm Lowry y Giuseppe Lampedusa.	Cae en Venezuela la dictadura de Pérez Jiménez. Estalla la Revolución Cubana y cae la dictadura de Fulgencio Batista. En China "Gran Salto Adelante".
1958	Carpentier: *Guerra del tiempo*. Vargas Llosa: *Los jefes*. Carlos Fuentes: *La región más transparente*. Truman Capote: *Desayuno en Tiffany's*. Lampedusa: *El gatopardo* (póstuma). Beauvoir: *Memorias de una joven de buena familia*. García Márquez: *El coronel no tiene quien le escriba*. Donoso: *Coronación*. Bergman: *El rostro*.	
1959 *Las Armas Secretas*.	Onetti: *Una tumba sin nombre*. Fuentes: *Las buenas conciencias*. Neruda: *Cien sonetos de amor*. Golding: *Caída libre*. Böll: *Billar a las nueve y media*. Grass: *El tambor de hojalata*. Williams: *Dulce pájaro de la juventud*. Steinbeck: *La perla*. Rossellini: *El general de la Rovere*.	En Cuba, asume el poder Fidel Castro y en Colombia los partidos liberal y conservador firman el llamado "Pacto de Sitges" que atenía un poco la violencia desatada con "el Bogotazo" en 1948. Fidel Castro organiza la operación verdad. El Papa Juan XXIII anuncia la convocatoria de un concilio ecuménico a partir del cual la Iglesia católica se restructurará de acuerdo con las necesidades de los fieles.
1960 Aparece su primera novela *Los Premios*.	Borges: *El hacedor*. Onetti: *La cara de la desgracia*. Felisberto Hernández: *La casa inundada*. Cabrera Infante: *Así en la paz*	Cuba decreta la nacionalización de las compañías norteamericanas. Intervención norteamericana en Vietnam. Procla-

	JULIO CORTÁZAR	CONTEXTO CULTURAL	CONTEXTO HISTÓRICO
		como en la guerra. Lezama Lima: *Dador*. Roa Bastos: *Hijo de hombre*. Canetti: *Masa y poder*. Durrell concluye la publicación de *El cuarteto de Alejandría*. Stravinsky: *Un sermón, una narración y una plegaria*. Vittorio de Sica: *Dos mujeres*. Rossellini: *¡Viva Italia!*. Visconti: *Rocco y sus hermanos*. Muere Albert Camus.	mación de la República de Chipre. Temblor de tierra destruye a Agadir (Marruecos).
1961		Onetti: *El astillero*. Sábato: *Sobre héroes y tumbas*. Foucault: *Historia de la locura en la época clásica*. Stravinsky: *El diluvio*. Huston: *Vidas rebeldes*. Bergman: *Como en un espejo*. Rossellini: *Vanina Vanini*. Lattuada: *Lo imprevisto*. Buñuel: *Viridiana*. Muere Ernest Hemingway.	Fidel Castro proclama el carácter socialista de la Revolución cubana. Norteamérica invade Bahía Cochinos, Cuba. Construcción del "Muro de Berlín". Kennedy funda la Alianza para el Progreso. Lanzamiento del primer hombre (ruso) al espacio.
1962	*Historias de cronopios y de famas* y *Algunos aspectos del cuento*.	Carpentier: *El siglo de las luces*. Fuentes: *La muerte de Artemio Cruz*. Onetti: *El infierno tan temido*. Albee: *¿Quién le teme a Virginia Woolf?*. Kundera: *Los propietarios de las llaves*. Nabokov: *Pálido fuego*. García Márquez: *Los funerales de la Mamá Grande*. Aurelio Arturo: *Morada al Sur*. Stravinsky:	El mundo vive sobrecogido ante el inminente estallido de la tercera guerra mundial: en Cuba, dominada por el comunismo, Rusia decide instalar bases de lanzamientos para cohetes intercontinentales. Antes de que los barcos rusos llegaran a puerto cubano, Estados Unidos

	Abraham e Isaac. Bergman: *Los comulgantes*. Lattuada: *El poder de la mafia*. Mueren William Faulkner y Herman Hesse. John Steinbeck, premio Nobel de Literatura.	amenaza con declarar la guerra total. Los barcos soviéticos regresan a su país de origen evitándose así la tercera guerra. Inician las sesiones del Concilio Vaticano II. Creación de la organización política nicaragüense F.S.L.N. (Frente Sandinista de Liberación Nacional).
1963	*Rayuela*. Publica *Una Flor Amarilla* en la *Revista de Occidente* de Madrid y *Descripción de un combate* en *Eco Contemporáneo*. Se desempeña como jurado del premio Casa de las Américas.	Vargas Llosa: *La ciudad y los perros*. Cabrera Infante: *Un oficio en el siglo XX*. Sábato: *El escritor y sus fantasmas*. Rogelio Echavarría: *Transeúnte*. Böll: *Opiniones de un payaso*. Bergman: *El silencio*. Mueren Felisberto Hernández y Aldous Huxley. Mario Vargas Llosa recibe el premio Biblioteca Breve de la editorial Seix-Barral con su novela *La ciudad y los perros*. Borges gana el premio del Fondo Nacional de las Artes por su libro *Ficciones*.	Tratado de prohibición de pruebas nucleares firman Estados Unidos y Unión Soviética. Asesinado el presidente John F. Kennedy.
1964	Aparece un capítulo de *Rayuela* en Casa de las Américas de La Habana.	Carpentier: *Tientos y diferencias*. Sartre: *Las palabras*. García Márquez: *Tiempo de morir*. Stravinsky: *Variaciones e introitus*. Vittorio de Sica: *Ayer, hoy y mañana*. La editorial Seix-Barral concede el premio Biblioteca Breve a Guillermo Cabrera Infante por su obra *Tres tristes tigres*. Sartre rechaza el premio Nobel de Literatura.	El presidente francés, general De Gaulle, visita Bogotá. Norteamérica ocupa el Canal de Panamá.

	JULIO CORTÁZAR	CONTEXTO CULTURAL	CONTEXTO HISTÓRICO
1965	Aparece *Reunión* en *El Escarabajo de Oro* de Buenos Aires e *Instrucciones para John Howell* en *Marcha* de Montevideo.	Benedetti: *Gracias por el fuego*. Graves: *Colección de poemas*. Mishima: *El marino que perdió la gracia del mar*. Marechal: *El banquete de Severo y Arcángelo*. Benedetti: *Julio Cortázar, un narrador para lectores cómplices*. Mueren William Somerset Maugham y Thomas S. Eliot. Borges comparte con Samuel Beckett el premio Formentor. Revolución Cultural China.	Norteamérica interviene en vietnam. Secesión de Rhodesia provoca crisis en la Commonwealth.
1966	*Todos los fuegos el fuego*. En la revista *Unión* de La Habana aparece el artículo *Para llegar a Lezama Lima*. Decide asumir públicamente su compromiso con la lucha de liberación latinoamericana.	Vargas Llosa: *La casa verde*. Lezama Lima: *Paradiso*. Donoso: *Este domingo*. Roa Bastos: *El baldío*. Cabrera Infante: *Tres tristes tigres*. Capote: *A sangre fría*. Foucault: *Las palabras y las cosas*. Breton: *Persona*. Mueren Hernando Téllez y André Breton.	I Conferencia Tricontinental, La Habana. En China, Revolución Cultural Proletaria.
1967	Publica un libro de ensayos, relatos y poesías titulado *La vuelta al día en ochenta mundos*. Viaja a La Habana. Richard Allen de la Universidad de Houston presenta un estudio sobre "Temas y Técnicas del taller de Julio Cortázar" en la	Fuentes: *Cambio de piel*. Donoso: *El lugar sin límites*. Macedonio Fernández: *Museo de la novela de la Eterna* (póstumo). Roa Bastos: *Los pies sobre el agua*. Golding: *La pirámide*. Kundera: *La broma*. Beauvoir: *La mujer rota*. García Márquez: *Cien años de soledad*. Marechal: *Historia de la calle Co-*	Terremoto destruye a Caracas. Destruida la población de Ben Suc en Vietnam. Estados Unidos es considerado por el Tribunal Russell culpable de crímenes de guerra en Vietnam. Inglaterra nacionaliza la industria del acero. Conflicto árabe-israelí. Muere el guerrillero argentino-

Año	Obra		
	segunda reunión del XIII Congreso de Literatura Iberoamericana realizado en Caracas.	*rrientes.* Huston: *Reflejos en un ojo dorado.* Bergman: *La hora del lobo.* Mueren Ciro Alegría, Oliveiro Girondo y Carson McCullers. Miguel Ángel Asturias, premio Nobel de Literatura. Vargas Llosa recibe el premio Rómulo Gallegos por su obra *La casa verde.*	cubano Ernesto "Che" Guevara en Bolivia.
1968	*Buenos Aires, Buenos Aires y 62 Modelo para armar.* Conoce a Mario Benedetti.	Neruda: *Las manos del día.* Vargas Llosa: *Los cachorros.* Yourcenar: *El alquimista.* Mishima: *Caballos desbocados.* García Márquez y Vargas Llosa: *La novela en América Latina: diálogo.* Huston: *Paseo por el amor y la muerte.* Bergman: *La vergüenza.* Muere Steinbeck. *Cambio de piel* de Carlos Fuentes gana el premio Biblioteca Breve. Kundera gana el premio de la Unión de Escritores Checoslovacos.	Creación del Pacto Andino: Perú, Ecuador, Bolivia, Chile, Colombia y Venezuela. Omar Torrijos derroca al presidente Arias. Congreso Eucarístico Internacional. Inglaterra concede independencia a Mauricio. Crisis francesa. Nace el "Movimiento 22 de Marzo". La República Federal Alemana aprueba por plebiscito una nueva constitución. Tropas del pacto de Varsovia invaden la República Socialista de Checoslovaquia. Asesinados Martin Luther King y el senador Robert Kennedy.
1969	*Último Round.*	Borges: *Elogio de la sombra.* Neruda: *Fin de mundo.* Vargas Llosa: *Conversaciones en la catedral.* Graham Greene: *Viajes con mi tía.* Auden: *Ciudad sin murallas.* Foucault: *La arqueología del saber.* Nabokov: *Ada o el ardor.* Octavio Paz: *Conjunciones y disyun-*	Astronautas norteamericanos realizan el primer viaje a la luna. Willy Brandt inicia la Ostpolitik (política de apertura a los países del Este). Chiang Ching, esposa de Mao Tsé-tung es nombrada miembro del Politburó.

	JULIO CORTÁZAR	CONTEXTO CULTURAL	CONTEXTO HISTÓRICO
		ciones. Bergman: *Pasión*. Visconti: *La caída de los dioses*.	
1970	Aparecen *Relatos* (corriente *Bestiario*, *Final del juego*, *Las armas secretas* y *Todos los fuegos el fuego*) y *Viaje alrededor de una mesa*. Viaja en compañía de su segunda esposa Ugné Karvelis, a la posesión de Salvador Allende en Chile.	Borges: *El informe de Brodie*. Neruda: *Las piedras del cielo*. Donoso: *El obsceno pájaro de la noche*. Kundera: *Los amores ridículos*. Mishima: *El mar de la fecundidad*. García Márquez: *Relato de un náufrago*. Marechal: *Megafón, o la guerra*. Mueren Leopoldo Marechal, John Dos Passos, Edward Morgan Forster, Yukio Mishima y Bertrand Russell.	China Popular entra a formar parte de la ONU.
1971	*Pameos y Meopas* (volumen de poemas).	Vargas Llosa: *García Márquez, historia de un deicidio*. Forster: *Maurice* (póstuma). Böll: *Teatro de un grupo con señoras*. Huston: *Fac City*. Visconti: *Muerte en Venecia*. Muere Strawinsky. Pablo Neruda, premio Nobel de Literatura.	
1972	*Prosa del Observatorio*.	Donoso: *Historia general del "Boom"*. Sartre: *El idiota de la familia*. Roa Bastos: *Cuerpo presente y otros textos*. M. M. Carranza: *Vainas y otros poemas*. Beauvoir: *Al*	Inglaterra firma tratado de adhesión a la Comunidad Económica Europea. Terremoto destruye a Managua.

Año			
	fin de cuentas. Octavio Paz: *El nuevo festín de Esopo*. C. Alegría: *Lázaro*. (póstumo). Muere Ezra Pound. Heinrich Böll, premio Nobel de Literatura.		
1973	Aparece la novela *Libro de Manuel*. Además un volumen de textos extraídos de *Rayuela*, 62 *modelo para armar* y apartes de *Algunos aspectos del cuento*, titulado *La casilla de los Morelli*. Los derechos de autor de *Libro de Manuel* los destina a la ayuda de los presos políticos de Argentina. Viaja a Chile. Gana el premio Medicis otorgado a la mejor producción extranjera publicada en Francia, por su novela *Libro de Manuel*.	Onetti: *La muerte y la niña*. Vargas Llosa: *Pantaleón y las visitadoras*. Octavio Paz: *El signo y el garabato*. Kundera: *La vida está en otra parte*. Yourcenar: *Recuerdos piadosos*. Canetti: *La provincia del hombre*. Bergman: *Secretos de un matrimonio*. Mueren Pablo Neruda, Wystan Hugh Auden, Pablo Picasso y Pablo Cassals.	En Chile, mediante golpe militar, Augusto Pinochet derroca el gobierno socialista de Salvador Allende. Perón presidente de Argentina. En Norteamérica se produce el escándalo Watergate. Con la firma del tratado de Paris finaliza la intervención americana en Vietnam. Las dos Alemanias ingresan a la ONU. Guerra de Octubre, los estados árabes atacan Israel.
1974	*Octaedro*. Viaja a Estados Unidos con motivo de una reunión del Pen Club y del Center for Inter-American Relations.	Neruda: *Confieso que he vivido* (póstuma). Macedonio Fernández: *Adriana Buenos Aires* (póstuma). Cabrera Infante: *Vista del amanecer en el trópico*. Octavio Paz: *El mono gramático*. Sábato: *Abaddón, el exterminador*. Böll: *El honor perdido de Katharina Blum*. Canetti: *Cincuenta caracteres*. Bergman: *La flauta mágica*. Visconti: *Confidencias*. Latuada: *La bambina*. Mueren Miguel Angel	Se agudiza la crisis social en Argentina. Como resultado del Watergate, el presidente Nixon es obligado a renunciar. El gobierno inglés declara estado de emergencia. Mueren Juan Domingo Perón y Georges Pompidou.

	JULIO CORTÁZAR	CONTEXTO CULTURAL	CONTEXTO HISTÓRICO
		Asturias, David Alfaro Siqueiros y Vittorio de Sica.	El príncipe Juan Carlos de Borbón es coronado rey de España. Tropas norteamericanas se retiran de Vietnam. Inglaterra reconoce los regímenes de Camboya y de Vietnam del Sur.
1975	Aparecen *Fantomas contra los vampiros multinacionales*, *Antología* y *Silvalandia*. Viaja a Ciudad de México para participar en la tercera sesión de la Comisión Internacional de Investigación de los crímenes de la Junta Militar de Chile. Viaja nuevamente a Estados Unidos, donde asiste a un homenaje en la Universidad de Oklahoma.	Carpentier: *Concierto barroco*. Fuentes: *Terra Nostra*. Mario Rivero: *Baladas y otros poemas*. Foucault: *Vigilar y castigar*. Rossellini: *El Mesías*. Lattuada: *Corazón de perro*. Muere Arnold Joseph Toynbee, historiador británico.	
1976	Forma parte del proyecto de *La prensa literaria centroamericana*. Viaja a Nicaragua.	Vargas Llosa: *La orgía perpetua*. Cabrera Infante: *Exorcismos de estilo*. Foucault: *La voluntad del saber*. Kundera: *El vals de los adioses*. Huston: *El hombre que pudo reinar*. Bergman: *Cara a cara... al desnudo*. Visconti: *El inocente*. Muere Luchino Visconti. Saul Bellow, premio Nobel de Literatura.	Golpe militar en Argentina. Reunificación de Vietnam del Norte y Vietnam del Sur. Muere Mao Tsé-tung. Es detenida Chiang Ching, juzgada y condenada a muerte.

Año			
1977	*Alguien que anda por ahí*.	Vargas Llosa: *La tía Julia y el escribidor*. Lezama Lima: *Oppiano Licario* (póstuma). Yourcenar: *Archivos del Norte*. Canetti: *La lengua absuelta*. Bergman: *El huevo de la serpiente*. Mueren Vladimir Nabokov, Charlie Chaplin y Roberto Rossellini.	Encuentro histórico en Israel del presidente Sadat de Egipto y el primer ministro israelí Begin para conseguir la paz en el Medio Oriente.
1978	Viaja a Martinica.	Carpentier: *La consagración de la primavera*. Fuentes: *La cabeza de la hidra*. Darío Jaramillo: *Tratado de Retórica*. Graham Greene: *El factor humano*. Isaac Bashevis Singer, premio Nobel de Literatura.	Muere Pablo VI. Es asesinado Pedro Joaquín Chamorro, director del diario *La Prensa* de Managua.
1979	Se separa de Ugné Karvelis con la que sigue manteniendo una estrecha amistad. Viaja a Nicaragua y desde entonces se dedica a apoyar y servir a la Revolución Sandinista. Publica *Un Tal Lucas*. Viaja con Carol Dunlop, su tercera esposa. Conoce a Omar Torrijos, gobernante panameño.	Carpentier: *El arpa y la sombra*. Onetti: *Dejemos hablar al viento*. Cabrera Infante: *La Habana para un infante difunto*. Donoso: *Casa de campo*. Dalí: *A la búsqueda de la cuarta dimensión*.	Guerra civil en Nicaragua, el F.S.L.N. derroca a Anastasio Somoza y forma una Junta de Reconstrucción. Estados Unidos restablece relaciones con China. El Sha de Irán es depuesto y exiliado. Irán se convierte en República islámica y tiene como gobernante al ayatollah Khomeiny.
1980	Dicta un curso en la Universidad de Berkeley, California. Publica *Queremos tanto a Glenda*.	Fuentes: *Una familia lejana*. Canetti: *La antorcha al oído*. Mueren Alejo Carpentier y Jean-Paul Sartre. Marguerite Yourcenar, primera mujer elegida miembro de la Academia Francesa.	Asesinado Anastasio Somoza en Paraguay. Guerra irano-iraquí. Ronald Reagan es elegido presidente de Estados Unidos.

	JULIO CORTÁZAR	CONTEXTO CULTURAL	CONTEXTO HISTÓRICO
1981	Obtiene la nacionalización francesa. Por motivos de salud tiene que ser internado en un hospital. Sufre una hemorragia gástrica que "no lo mandó a mirar las flores del lado de las raíces por puro milagro". Por esta época le diagnostican leucemia. Tiene que suspender el proyecto de ir en diciembre a Cuba, Nicaragua y Puerto Rico.	Vargas Llosa: *La guerra del fin del mundo*. Fuentes: *Agua quemada*. Donoso: *El jardín de al lado*. Elías Canetti, premio Nobel de Literatura.	Atentado contra el Papa Juan Pablo II. Mitterrand es elegido presidente de Francia. Muere Omar Torrijos.
1982	Muere su tercera esposa, Carol Dunlop. Publica *Deshoras*.	Gabriel García Márquez, premio Nobel de Literatura.	Guerra de las Malvinas. Masacre en los campos de refugiados palestinos. Los palestinos evacúan Beirut.
1983	Viaja a La Habana para asistir a una reunión del Comité Permanente de Intelectuales por la Soberanía de los pueblos de Nuestra América. Publica *Los Autonautas de la Cosmopista*, escrito en colaboración con Carol Dunlop, su tercera esposa e ilustrado por Step-	Huston: *Bajo el volcán*. Bergman: *Fanny y Alexander* (Óscar a la mejor película extranjera). Mueren Tennessee Williams y Joan Miró. Golding, premio Nobel de Literatura. Darío Jaramillo: *La muerte de Alec*. María Mercedes Carranza: *Tengo miedo*.	En Argentina Raúl Alfonsín es elegido presidente. Reunión de Países No alineados en Nueva Delhi. Estados Unidos instala misiles en suelo europeo como respuesta a la presencia de misiles soviéticos. El Partido Verde se constituye en la tercera fuerza política de Alemania.

hane Herber, hijo de Carol. Los derechos de autor de este último libro los destina al sandinismo nicaragüense. Viaja a Nicaragua y a Buenos Aires para visitar a su madre.

1984 Viaja a Nicaragua, recibe del ministro de cultura nicaragüense, Ernesto Cardenal, la Orden de la Independencia Cultural Rubén Darío. Aparece *Nicaragua tan violentamente dulce*. Muere en París. *Salvo el Crepúsculo* (póstumo).

Kundera: *La insoportable levedad del ser*. Muere Truman Capote.

Daniel Ortega coordinador de la Junta de Reconstrucción, asume la presidencia de Nicaragua. Reagan, reelegido presidente de Estados Unidos. Atentado a Margaret Thatcher. Asesinada Indira Gandhi.

BIBLIOGRAFÍA

Alegría, Fernando. *Rayuela: o el orden del caos*. Revista *Iberoamericana*, Pittsburg, Vol. 35, núm. 69, septiembre-diciembre 1969.

Andreu, Jean L. "Cortázar cuentista". *Mundo Nuevo*, núm. 23 (mayo 1968).
   Cinco miradas sobre Cortázar. Buenos Aires, Ed. Tiempo Contemporáneo, Colección Números, 1968.

Curuchet, Juan Carlos. "Apuntes para una lectura de Cortázar". *Cuadernos Hispanoamericanos*, núm. 223 (jul, 1968), 233-38 [Sobre *Todos los fuegos el fuego*].

Diego, Eliseo. "Julio Cortázar: *Todos los fuegos el fuego*". [Reseña]. *Casa de las Américas*, 7, núm. 41 (mar-abr, 1967), 122-25.

Fuentes, Carlos. La nueva novela latinoamericana S/Cortázar: La caja de Pandora, La Cultura en México, Supl. de Siempre, núm. 128, 29 de julio 1964.

González Bermejo, Ernesto. *Conversaciones con Cortázar*. México, Ed. Hermes, 1979.

Helmy F. Giacoman, *Homenaje a Julio Cortázar*, Ed. Anaya: Madrid, 1972.
   La vuelta a Cortázar en nueve ensayos. Recopilación y prólogo de Sara Vinocour de Tirri y Néstor Tirri. Buenos Aires, Carlos Pérez Editora, 1968.

Lezama Lima, José. "Cortázar y el comienzo de la otra novela". *Casa de las Américas*, núm. 49 (1968).

Mac Adam, Alfred. *El individuo y el otro. Crítica a los cuentos de Julio Cortázar*. Buenos Aires, New York: Ediciones La Librería, 1971.

Neruda, Pablo. "Con Cortázar y con Arguedas". El Universal (Caracas), 17 agosto 1969.

Revista Iberoamericana, núm. 84-85, julio-diciembre 1973, Pittsburg, número dedicado a Julio Cortázar.

Rodríguez Monegal, Emir. *La nueva novela de Latinoamérica. La pluma busca otros horizontes,* Life en español, Vol. 25, núm. 6, 15 de marzo 1965.

De "Rayuela" a "Tres Tristes Tigres". Invención del lenguaje. Parodia de la cultura. Clarín, Buenos Aires, 9 de marzo 1972.

Sola, Graciela de. *Julio Cortázar y el hombre nuevo.* Buenos Aires, Ed. Sudamericana, 1968.

Vargas Llosa, Mario. "Entrevista a Julio Cortázar" *Comentarios Bibliográficos Americanos,* 3, núm. 11 (ene-mar, 1971).

OTROS TÍTULOS
DE LA COLECCIÓN

María, Jorge Isaacs.

El padre Casafús y otros cuentos, Tomás Carrasquilla.

El matadero, Esteban Echeverría.

El hombre muerto, Horacio Quiroga.

Clemencia, Ignacio Manuel Altamirano.

Misa de gallo y otros cuentos, Joaquim María Machado de Assis.

El holocausto del mundo, Nathaniel Hawthorne.

Bartleby, Herman Melville.

Poemas y prosas, José Asunción Silva.

Antología poética, Rubén Darío.

Tres novelas ejemplares, Miguel de Cervantes.

Carmen, Prosper Mérimée.

Don Segundo Sombra, Ricardo Güiraldes.

Memorias de un sargento de milicias, Manuel Antonio de Almeida.

Juego de niños y otros ensayos, Robert Louis Stevenson.

Tres cuentos, Gustave Flaubert.

Persuasión, Jane Austen.

El coronel no tiene quien le escriba, Gabriel García Márquez.

Tradiciones peruanas, Ricardo Palma.

La llamada de la selva, Jack London.

AQUI
TERMINA
CRUZ

AQUI
TERMINA
CARA